Leicht & smart

In diesem Buch finden Sie 50 köstliche Rezepte mit denen Sie nun leicht & smart "punkten". Egal ob Frühstück, Suppen, feine Salate, Snacks oder Hauptgerichte. Alle Rezepte sind im Nu mit Ihrem Thermomix zubereitet und schnecken zudem noch unglaublich lecker!

Die Mehrheit der Hauptgerichte sind "All-in-One" und durch ein Symbol als solche gezeichnet. So steht einem entspannten und genussvollen Kochen nichts mehr im Wege.

Guten Appetit wünscht
Corinna Wild

Pro Portion: 7

Mit diesen Angaben können Sie ganz leicht „punkten!" Nach dem neuen System ab 2016.

Rezeptübersicht

Frühstück:

Suppen & Eintöpfe:

Salate & Snacks:

Beilagen:

Hauptgerichte:

Fleisch:

Fisch:

Vegetarisch:

● = All-in-One-Gericht

1 Port.

Beeren-Smoothie Bowl

Zutaten

1	Banane
150 g	Heidelbeeren, TK
100 g	Naturjoghurt, 1,5%
25 g	Mandeldrink, ungesüßt
2 TL	Leinsamen
1 TL	Haferflocken
1 TL	Chia-Samen

für das Topping

½	Kiwi
6	Himbeeren
1 TL	Haferflocken
1 TL	Chia-Samen

1. Alle Zutaten in den Mixtopf geben und **30 Sek./Stufe 10** mixen. Smoothie Bowl in eine kleine Schüssel füllen. Kiwi in dünne Scheiben schneiden und neben den Himbeeren auf den Smoothie legen. Mit Haferflocken und Chia-Samen bestreuen.

Pro Portion: 5

Die Grundlage einer Smoothie Bowl ist ein dickflüssiger Smoothie, der mit verschiedenen Extras wie frischem Obst, Nüssen oder Samen getoppt wird. Das kleine Powerfrühstück ist sehr nahrhaft, macht satt und schmeckt lecker!

Pro Portion:
kcal: 349 | Fett: 8 g | Eiweiß: 12 g | KH: 47 g

1 Port.

Smoothie Bowl mit Melone

Zutaten

1	Banane
160 g	Cantaloupe-Melone
50 g	Milch, 1,5%
1 EL	Haferflocken
2 TL	Chia-Samen

für das Topping

50 g	Himbeeren
etwas	Melone
1 TL	Chia-Samen
1 TL	Haferflocken

Zubereitung

1. Alle Zutaten in den Mixtopf geben und **30 Sek./Stufe 10** mixen. Smoothie Bowl in eine kleine Schüssel füllen.
2. Mit Himbeeren, Melone, Chia-Samen und Haferflocken garniert servieren.

Pro Portion: 5

Pro Portion:
kcal: 348 | Fett: 5 g | Eiweiß: 9 g | KH: 63 g

Chili-Feta-Aufstrich

12 Port.

Zutaten

1	Knoblauchzehe
6	getrocknete Tomaten, ohne Öl
180 g	Schafskäse/Feta 25 % Fett i. Tr. (9 % Fett absolut)
200 g	Frischkäse, Natur, bis 5 % Fett absolut
2 TL	Ajvar, mild
1 TL	Zitronensaft
1 EL	Tomatenmark
2 Prisen	Chiliflocken
1 Prise	Salz
etwas	Pfeffer, frisch gemahlen
1 TL	ital. Kräuter

Zubereitung

1. Knoblauchzehe und getrocknete Tomaten in den Mixtopf geben und **10 Sek./Stufe 10** zerkleinern. Mit dem Spatel vom Mixtopfrand Richtung Boden schieben. Restliche Zutaten zugeben und **30 Sek./Stufe 4** verrühren. Fertig!

Pro Portion: 1

1 Portion entspricht einem EL Aufstrich. Dieser reicht z.B. für 2 Scheiben Vollkornbrot.

Pro Portion:
kcal: 38 | Fett: 1,5 g | Eiweiß: 5 g | KH: 2 g

4 Port.

Chia-Heidelbeer-Konfitüre

Zutaten

150 g	Heidelbeeren
1 TL	Süßstoff
1 EL	Chia-Samen

Die Marmelade lässt sich mit sämtlichem Obst, das zum Pürieren geeignet ist, zubereiten.

Zubereitung

1. Heidelbeeren und Süßstoff in den Mixtopf geben und **8 Min./100°C/Stufe 3** aufkochen.
2. Mixtopfdeckel öffnen, abnehmen und Püree im Mixtopf 15 Min. abkühlen lassen.
3. Chia-Samen zugeben und **10 Sek./Stufe 2,5** verrühren. Marmelade über Nacht in den Kühlschrank stellen und am nächsten Morgen genießen.

Pro Portion: 0

1 Portion entspricht 1 leicht gehäuften EL Aufstrich. Dieser reicht z.B. für ein halbes Brötchen.

Pro Portion:
kcal: 24 | Fett: 0,7 g | Eiweiß: 0,5 g | KH: 3 g

3 Port.

Bayrischer Brotzeitaufstrich

Zutaten

½	Zwiebel (30 g)
1 EL	Apfelessig
2	gekochte Eier
1 TL	Senf, mittelscharf
75 g	Frischkäse, Natur bis 1 %
etwas	Schnittlauch, in Röllchen geschnitten
½ TL	Paprikapulver, edelsüß
1 Prise	Salz
etwas	Pfeffer

Zubereitung

1. Zwiebel in den Mixtopf geben, **5 Sek./Stufe 5** zerkleinern und mit dem Spatel nach unten schieben. Apfelessig zugeben und **3 Min./120°C/Stufe 1 (TM31: Varoma)** dünsten.
2. Eier schälen und zwischen die Klingen des Mixtopfmessers stellen. Restliche Zutaten zugeben und **3 Sek./Stufe 3** vermengen.

Pro Portion: 2

1 Portion entspricht 1 leicht gehäuften EL Aufstrich. Dieser reicht z.B. für 2 Scheiben Vollkornbrot.

Pro Portion:
kcal: 71 | Fett: 4 g | Eiweiß: 7 g | KH: 3 g

12 Stk.

Schinken-Quark-Hörnchen

Zutaten

50 g	Cheddarkäse
100 g	Putenbrustaufschnitt, z.B. von Herta Finesse

Für den Teig

250 g	Magerquark
1	Ei (Gr. M)
25 g	Wasser
300 g	Mehl, Type 405
1 P.	Backpulver
1 TL	Salz

Zubereitung

1. Backofen auf 180°C Ober-/Unterhitze vorheizen. Käse im Mixtopf **5 Sek./Stufe 8** fein reiben und auf einen großen Teller umfüllen.
2. Alle Teigzutaten im Mixtopf **2 Min./Teigstufe** kneten. Teig zu einem großen Kreis auf etwas Mehl ausrollen und wie einen Kuchen in 12 Dreiecke schneiden.
3. Auf jedes Dreieck ca. 1-2 Scheiben Schinken legen und aufrollen. Hörnchen in etwas Käse rollen und auf ein mit Backpapier belegtes Backblech setzen. Im vorgeheizten Backofen ca. 20 Min. backen.

Pro Stück: 4

Tipp

Sie können aus dem Teig auch Hörnchen ohne Käse und Schinken backen, z.B. für süße Aufstriche. Wert pro Stück ist dann 3.

Pro Portion:
kcal: 135 | Fett: 2 g | Eiweiß: 9 g | KH: 19 g

2 Port.

Zitronen-Maracuja-Quark

Zutaten

3	Maracujas
250 g	Magerquark
3 EL	Naturjoghurt, 1,5%
2 TL	Zucker
2 EL	Zitronensaft

Zubereitung

1. 2 Maracujas halbieren, das Fruchtfleisch in ein Sieb geben und mithilfe eines kleinen Löffels den Saft auspressen. Saft in den Mixtopf geben.
2. Restliche Zutaten zugeben und **30 Sek./Stufe 3** verrühren. Creme auf 2 Gläser verteilen.
3. Den Saft der letzten Maracuja über die Creme geben und servieren.

Pro Portion: 3

Die Creme ist sehr erfrischend an heißen Tagen. Sie können diese auch für 20-30 Min. ins Gefrierfach stellen.

Pro Portion:
kcal: 145 | Fett: 1 g | Eiweiß: 19 g | KH: 13 g

2 Port.

Schoko-Beeren-Quark

Zutaten

10 g	Zartbitterschokolade
125 g	Heidelbeeren
100 g	Himbeeren
250 g	Magerquark
1 TL	flüssiger Süßstoff
25 g	Milch, 1,5%

Zubereitung

1. Schokolade in den Mixtopf geben und **10 Sek./Stufe 8** zerkleinern. Die Hälfte der Beeren, Magerquark und Süßstoff zugeben und **15 Sek./Stufe 4** verrühren.
2. Die Masse vom Mixtopfrand Richtung Topfboden schieben. Milch zugeben und **10 Sek./Stufe 3** cremig rühren. Auf 2 Gläser verteilen und mit Obst belegen.

Pro Portion: 3

Tipp

Je nach Saison können Sie auch Erdbeeren oder Brombeeren verwenden.

Pro Portion:
kcal: 173 | Fett: 3 g | Eiweiß: 19 g | KH: 13 g

4 Port.

Tomaten-Paprika-Suppe mit Würstchen

Zutaten

1	Zwiebel, halbiert
1	Knoblauchzehe
250 g	rote Spitzpaprika
400 g	Tomaten
50 g	Tomatenmark
400 g	Wasser
1 EL	Gemüsebrühpulver
1 Prise	Zucker
4	Putenwiener (à 50 g)
3	Frühlingszwiebeln
½ TL	Oregano
½ TL	Thymian
¼ TL	weißer Pfeffer
½ TL	Salz

Zum Dekorieren

4 TL	Crème légère
etwas	frische Petersilie

Zubereitung

1. Zwiebel und Knoblauchzehe in den Mixtopf geben und **5 Sek./Stufe 5** zerkleinern. Paprika und Tomaten in groben Stücken zugeben und erneut **5 Sek./Stufe 5** zerkleinern.
2. Tomatenmark, Wasser, Gemüsebrühpulver und Zucker zugeben und **15 Min./100°C/Stufe 1** kochen. In der Zwischenzeit Putenwiener und Frühlingszwiebeln in Scheiben schneiden.
3. Nach Garzeitende die Suppe **25 Sek./Stufe 8** pürieren. Putenwiener, Frühlingszwiebeln und restliche Gewürze zugeben und noch mal **6 Min./90°C/Stufe 1** erhitzen.
4. Suppe auf 4 Tellern anrichten, je 1 TL Crème légère draufgeben und mit etwas frischer Petersilie bestreut servieren.

Tipp

Ohne Würstchen hat die Suppe 0

Pro Portion:
kcal: 192 | Fett: 10 g | Eiweiß: 10 g | KH: 12 g

Pro Portion: 4

4 Port.

Spicy Schlank-Suppe

Zutaten

3	Knoblauchzehen
1	rote Peperoni, entkernt
1	Zwiebel
½	Stange Lauch (100 g)
1	Zucchini (200 g)
700 g	Wasser
500 g	passierte Tomaten
1 EL	Gemüsebrühpulver
2-3 EL	Sojasoße
1 TL	rote Currypaste
¼ TL	Pfeffer
1 TL	Salz
1 Glas	Paprikasalat, z.B. von Specht (Abtr.gew. 165 g)

Zubereitung

1. Knoblauchzehen und Peperoni in den Mixtopf geben und **5 Sek./Stufe 5** zerkleinern. Zwiebel halbieren und in 1 cm dicke Scheiben schneiden. Lauch und Zucchini der Länge nach halbieren und ebenfalls in 1 cm dicke Scheiben schneiden. Alles mit in den Mixtopf geben.
2. 50 g Wasser zugeben und **4 Min./120°C/Sanftrührstufe (TM31: Varoma)** dünsten. Restliche Zutaten (außer Paprikasalat) zugeben und **15 Min./100°C/ ⟲ /Stufe 0.5 (TM31: Sanftrührstufe)** kochen. In der Zwischenzeit Paprikasalat gut abtropfen lassen.
3. Paprikasalat zugeben und erneut **5 Min./100°C/ ⟲ /Stufe 0.5 (TM31: Sanftrührstufe)** erhitzen. Ggf. noch mal mit Gewürzen abschmecken und servieren.

Tipp

Da diese Suppe dickflüssig ist, eignet sie sich auch ideal als Beilage z.B. zu gegrilltem Putenfleisch oder als vegetarisches Gericht mit Salzkartoffeln oder Nudeln!

Pro Portion:
Kcal: 67 | Fett: 1 g | Eiweiß: 4 g | KH: 8 g

Pro Portion: 0

2 Port.

Garnelen-Kürbis-Eintopf

Zutaten

1	Zwiebel, halbiert
1	Knoblauchzehe
1	rote Chilischote, entkernt
1 Stk.	Ingwer, haselnussgroß
1 EL	Zitronensaft
200 g	Hokkaidokürbis
120 g	Kartoffeln
100 g	Karotten
350 g	Wasser
1 TL	Gemüsebrühpulver
1 EL	Currypulver
½ TL	Salz
1 Msp.	Pfeffer
1 Prise	Zucker
400 g	Garnelen, küchenfertig
4 EL	Kochsahne (50% weniger Fett)

Zubereitung

1. Zwiebel, Knoblauchzehe, Chilischote und Ingwer (geschält) im Mixtopf **5 Sek./Stufe 6** zerkleinern. Mit dem Spatel vom Mixtopfrand Richtung Topfboden schieben. Zitronensaft zugeben und **2 Min./120°C/Stufe 1 (TM31: Varoma)** dünsten.
2. Kürbis und Kartoffeln klein würfeln, Karotten in dünne Scheiben schneiden und alles zugeben. Restliche Zutaten (außer Garnelen und Kochsahne) zugeben und **20 Min./100°C/ ↺ /Stufe 1** garen.
3. Garnelen und Kochsahne zugeben und noch mal **5 Min./100°C/ ↺ /Stufe 1** erhitzen.

Pro Portion:
Kcal: 307 | Fett: 5 g | Eiweiß: 39 g | KH: 24 g

Pro Portion: 6

Ohne Kochsahne nur: 3

8 Port.

Feuriger Bohnentopf mit Bulgur

Zutaten

500 g	Wasser
1 TL	Gemüsebrühpulver
200 g	Bulgur
1	Zwiebel, halbiert
1	Knoblauchzehe
1	rote Chilischote, entkernt
2 Stangen	Staudensellerie
1	rote Spitzpaprika (100 g)
2 Dosen	stückige Tomaten (à 400 g)
400 g	Wasser
1 EL	Tomatenmark
2 TL	Gemüsebrühpulver
1 TL	Oregano
¼ TL	Pfeffer
2 TL	Paprikapulver, edelsüß
1 Dose	Kidneybohnen (Abtr.gew. 255 g)
1 Dose	weiße Bohnenkerne (Abtr.gew. 255 g)

Zubereitung

1. Wasser und 1 TL Gemüsebrühpulver in den Mixtopf geben und **5 Min./100°C/Stufe 1** aufkochen. Bulgur zugeben und **10 Min./100°C/ ⟲ /Sanftstufe** garen. In den Varoma umfüllen und etwas auflockern.
2. Zwiebel, Knoblauch und Chilischote im Mixtopf **5 Sek./Stufe 5** zerkleinern. Vom Staudensellerie die harten Außenfäden abziehen und in kleine Stücke schneiden. Paprika der Länge nach halbieren, entkernen und in Streifen schneiden. Beides zugeben.
3. Stückige Tomaten, Wasser, Tomatenmark, Gemüsebrühpulver und Gewürze zugeben. Bohnen und Bohnenkerne waschen und gut abtropfen lassen. Beides zugeben und **15 Min./100°C/ ⟲ /Stufe 1** garen. Dabei Varoma aufsetzen, damit der Bulgur warm bleibt.
4. Nach Garzeitende Bohnengemüse mit Bulgur mischen und servieren.

Pro Portion:
kcal: 131 | Fett: 0,5 g | Eiweiß: 5 g | KH: 23 g

Pro Portion: 4

4 Port.

Kohlrabi-Coleslaw mit Dilldressing

Zutaten

750 g	Kohlrabi
400 g	Karotten
1	rote Zwiebel, halbiert
40 g	Walnusskerne

Dressing

1	Knoblauchzehe
3-4 Zweige frischer Dill, entstielt	
80 g	Mayonnaise, fettarm 10 % Fett (z.B. Miracle Whip Balance)
2 EL	Zitronensaft
etwas	Salz & Pfeffer

Zubereitung

1. Kohlrabi und Karotten schälen und in grobe Stücke schneiden. Portionsweise (immer 250 g oder weniger) in den Mixtopf geben und **3 Sek./Stufe 5** zerkleinern. In eine große Schüssel umfüllen.
2. Zwiebel in den Mixtopf geben, **5 Sek./Stufe 5** zerkleinern und zum Kohlrabi-Karotten-Gemisch umfüllen. Walnusskerne mit einem Messer grob hacken und untermischen.
3. Für das Dressing Knoblauchzehe und Dill **5 Sek./Stufe 7** zerkleinern. Mit dem Spatel vom Mixtopfrand Richtung Topfboden schieben. Restliche Zutaten für das Dressing zugeben und **10 Sek./Stufe 3** mischen.
4. Dressing über den Salat geben und vermengen. Etwas ziehen lassen.

Tipp

Statt Kohlrabi können Sie auch Weiß- oder Rotkraut verwenden.

Pro Portion:
Kcal: 200 | Fett: 10 g | Eiweiß: 7 g | KH: 18 g

Pro Portion: 3

3 Port.

Salat mit Lachs und Joghurtdressing

Zutaten

250 g	Lachs
etwas	Salz & Pfeffer
etwas	Zitronensaft
500 g	Wasser
ca. 150 g	grüner Salat, bunt gemischt
1	rote Zwiebel
1	Salatgurke

Dressing

1	Knoblauchzehe
1 Handvoll	Petersilie
3	Dillzweige, entstielt
2 EL	Kapern (30 g)
250 g	Naturjoghurt, 1,5%
1 TL	Senf, mittelscharf
2 EL	Zitronensaft
etwas	Salz & Pfeffer

Zubereitung

1. Zuerst das Dressing zubereiten. Knoblauchzehe, Petersilie und Dill in den Mixtopf geben und **3 Sek./Stufe 8** zerkleinern. Restliche Zutaten für das Dressing zugeben und **5 Sek./Stufe 8** mixen. Umfüllen und Mixtopf spülen.
2. Lachs in Würfel schneiden. Mit Salz und Pfeffer würzen, etwas Zitronensaft darüber träufeln und in den Gareinsatz geben. Wasser in den Mixtopf füllen, Gareinsatz einsetzen und den Lachs **15 Min./Varoma/Stufe 1** garen.
3. In der Zwischenzeit Salat putzen und waschen. Zwiebel und Gurke in Scheiben schneiden. Alles mit dem Dressing in einer großen Schüssel vermischen und auf 3 Tellern anrichten.
4. Nach Garzeitende Lachs auf den Salattellern verteilen, mit etwas Dill bestreuen und sofort servieren.

Joghurt-Dressig

Geignet für alle Blattsalate, Gurkensalat, Kartoffelsalat oder als Soße für kalte Wraps.

Pro Portion:
Kcal: 234 | Fett: 11 g | Eiweiß: 22 g | KH: 9 g

Pro Portion: 6

2 Port.

Fenchel-Garnelen-Salat mit Trauben

Zutaten

1	Fenchelknolle
1	rote Zwiebel
100 g	rote Trauben, kernlos
100 g	grüne Trauben, kernlos
300 g	Garnelen, küchenfertig

Dressing

2 Zweige Dill, entstielt

30 g	Orangensaft
30 g	Essig (Weinessig)
1 EL	süßer Senf
1 TL	Limettensaft
½ TL	Salz
1 Msp.	Pfeffer

Zubereitung

1. Fenchel putzen und zusammen mit der halbierten Zwiebel in sehr feine Streifen hobeln. Trauben halbieren und alles zusammen mit den Garnelen in eine Schüssel geben.
2. Dill in den Mixtopf geben und **3 Sek./Stufe 10** zerkleinern. Mit dem Spatel vom Mixtopfrand Richtung Boden schieben. Restliche Zutaten für das Dressing zugeben und **20 Sek./Stufe 2** verrühren. Dressing über den Salat geben und vermengen.

Tipp

Fenchel eignet sich auch gut zum Grillen. Einfach vierteln, mit Garam Masala würzen und von jeder Seite grillen.

Pro Portion:
Kcal: 267 | Fett: 3 g | Eiweiß: 31 g | KH: 24 g

Pro Portion: 3

4 Port.

Thunfisch-Spaghetti-Salat

Zutaten

200 g	Spaghetti	1 Msp.	Cayennepfeffer
150 g	Thunfisch, im eigenen Saft	½	rote Paprika
1 EL	Essig	½	orange Paprika
2 EL	Sojasoße	40 g	Crème légère
100 g	Wasser	40 g	Mayonnaise, fettarm 10 % Fett (z.B. Miracle Whip Balance)
1 TL	Gemüsebrühpulver	3	Frühlingszwiebeln
etwas	Salz & Pfeffer		

Zubereitung

1. Spaghetti in der Mitte durchbrechen und in reichlich Salzwasser nach Packungsanweisung al dente kochen. Absieben, in eine Schüssel geben und abkühlen lassen. Thunfisch gut abtropfen lassen, mit einer Gabel zerrupfen und zugeben.
2. Essig, Sojasoße, Wasser, Gemüsebrühpulver und Gewürze in den Mixtopf geben. Paprika in kleine Würfel schneiden und zugeben. Das Ganze **10 Min./100°C/Stufe 1** kochen. Anschließend im Mixtopf abkühlen lassen.
3. Crème légère und Mayonnaise zugeben und **20 Sek./ /Stufe 2** verrühren. Über den Salat geben und vermengen. Frühlingszwiebel in Ringe schneiden und über den Salat streuen.

Tipp

Der Salat kann prima am Vortag zubereitet werden und z.B. am nächsten Tag mit zur Arbeit genommen werden.

Pro Portion:
Kcal: 298 | Fett: 4 g | Eiweiß: 18 g | KH: 44 g

Pro Portion: 8

2 Port.

Feuriger Tomatensalat mit Chilihähnchen

Zutaten Marinade

1	Knoblauchzehe
1	rote Chilischote
1 TL	Pfefferkörner
1 Handvoll glatte Petersilie	
2 TL	Öl
50 g	Wasser
1 TL	Gemüsebrühpulver
350 g	Hähnchenfilet
800 g	Tomaten (bunt gemischt)
5	eingelegte Peperoni, mild

Dressing

1 Handvoll Petersilie	
1 Prise	Zucker
etwas	Salz & Pfeffer
70 g	Balsamicoessig, weiß
40 g	Wasser
1 TL	Olivenöl
1 TL	Gemüsebrühpulver
einige Spritzer Tabasco	

Zubereitung

1. Knoblauchzehe, Chilischote, Pfefferkörner und Petersilie in den Mixtopf geben und **6 Sek./Stufe 9** zerkleinern. Mit dem Spatel vom Mixtopfrand Richtung Boden schieben. Öl, Wasser und Gemüsebrühpulver zugeben und **3 Min./Varoma/Stufe 1** erhitzen. Marinade über die Hähnchenfilets geben und 1-2 Std. marinieren lassen. Mixtopf spülen.
2. Tomaten und Peperoni in Scheiben schneiden und in eine Schüssel geben. Für das Dressing alle Zutaten in den Mixtopf geben und **20 Sek./Stufe 6** mixen. Über die Tomaten geben und vermengen. Salat auf 2 Tellern verteilen.
3. 500 g Wasser in den Mixtopf geben. Hähnchenfleisch in den Varoma geben und das Ganze **20 Min./Varoma/Stufe 1** garen. Fleisch noch warm in Stücke schneiden, auf dem Salat verteilen und servieren.

Tipp

Die Marinade eignet sich auch ideal zum Einlegen von Grillfleisch. Marinieren Sie 3 Putenschnitzel (à 120 g) nach angegebener Zeit und grillen Sie diese auf dem Grill. Pro Schnitzel: 2

Pro Portion:
Kcal: 359 | Fett: 10 g | Eiweiß: 47 g | KH: 15 g

Pro Portion: 4

4 Port.

Quinoasalat mit Knoblauchdressing

Zutaten

1.200 g Wasser
200 g rote Quinoa
250 g Cocktailtomaten
1 Salatgurke
1 große Handvoll Rucola
1 große Handvoll Babyspinatblätter

Dressing

1 Knoblauchzehe
1 Handvoll Rucola
150 g Sojajoghurt, Natur
1 TL Senf, mittelscharf
2 TL Olivenöl
70 g Essig
etwas Salz & Pfeffer

Zubereitung

1. Zuerst das Dressing zubereiten. Knoblauchzehe Rucola in den Mixtopf geben und **3 Sek./Stufe 8** zerkleinern. Restliche Zutaten für das Dressing zugeben und **20 Sek./Stufe 4** mixen. Umfüllen und Mixtopf spülen.
2. Wasser in den Mixtopf geben. Quinoa in ein feines Sieb geben und waschen. In den Gareinsatz geben und in den Mixtopf einsetzen. Quinoa **24 Min./Varoma/Stufe 1** garen.
3. In der Zwischenzeit Cocktailtomaten halbieren und in eine Schüssel geben. Gurke in Würfel schneiden. Rucola und Babyspinatblätter waschen, trocknen und alles in die Schüssel geben.
4. Nach Garzeitende Quinoa und Dressing über den Salat geben, vermengen und servieren.

Tipp

Quinoa finden Sie im Supermarkt in der Bioabteilung. Statt Babyspinatblätter können Sie je nach Saison auch Feldsalat oder Blattsalat verwenden.

Pro Stück:
Kcal: 186 | Fett: 6 g | Eiweiß: 7 g | KH: 22 g

Pro Portion: 6

8 Port.

Puten-Pfirsich-Sandwich

Zutaten

8	Scheiben Vollkorntoast
2	Salatherzen
1 Handvoll Petersilie	
100 g	Schinken ohne Fettrand
50 g	Schmand
100 g	Pfirsiche (Konserve ohne Zucker)
½ TL	Currypulver
½ TL	Paprikapulver, rosenscharf
½ TL	Salz
1 Msp.	Pfeffer

Zubereitung

1. Toastscheiben toasten. Salat putzen.
2. Petersilie in den Mixtopf geben und **5 Sek./Stufe 10** hacken. Schinken, Schmand, Pfirsichhälften und Gewürze zugeben und **10 Sek./Stufe 4.5** mixen.
3. 4 Toastscheiben mit Salatblättern belegen und je ca. 1 EL der Schinkenmasse daraufgeben. Die anderen Toastscheiben als Deckel oben darauf setzen. Zwei gegenüberliegende Ecken mit Spießen fixieren und dann mit einem Brotmesser diagonal durchschneiden.
1 Dreieck entspricht 1 Portion.

Pro Portion:
Kcal: 88 | Fett: 2 g | Eiweiß: 5 g | KH: 11 g

Pro Portion: 3

8 Port.

Thunfisch-Gurken-Wrap

Zutaten

1 Kopf	Radiccio
2 EL	Essig
2 Dosen	Thunfisch, im eigenen Saft (Abtr.gew. à 140 g)
8	Tortilla-Wraps (320 g)
1 Handvoll	Dill, entstielt
½	Salatgurke (170 g)
200 g	Frischkäse, Natur, bis 1% Fett absolut
1 TL	Zitronensaft
etwas	Salz & Pfeffer
1 Msp.	Cayennepfeffer

Zubereitung

1. Radiccio putzen, waschen und in Streifen schneiden. Mit Essig in einer Schüssel ca. 10 Min. marinieren. Thunfisch abtropfen lassen. Backofen auf 150°C Ober-/Unterhitze vorheizen.
2. Dill in den Mixtopf geben und **5 Sek./Stufe 10** hacken. Salatgurke in groben Stücken zugeben und **5 Sek./Stufe 4** zerkleinern. Frischkäse, Zitronensaft und Gewürze zugeben und **5 Sek./ ⟲ /Stufe 3** verrühren. Umfüllen.
3. Wraps auf den Backrost geben und im vorgeheizten Backofen ca. 5 Min. anwärmen. Wraps mit Salat, Thunfisch und Gurken-Frischkäse-Masse füllen und servieren.

Tipp

Lässt sich auch gut mitnehmen.
Wraps in Frischhaltefolie fest einwickeln.
So bleiben die Wraps in Form und ziehen gut durch.

Pro Portion:
Kcal: 170 | Fett: 3 g | Eiweiß: 12 g | KH: 22 g

Pro Portion: 4

2 Port.

Joghurt-Hollandaise

Zutaten

60 g	Naturjoghurt, bis 1,8 % Fett
1	Eigelb
2 TL	Öl
30 g	Wasser
1 TL	Zitronensaft
1 Prise	Zucker
etwas	Salz & Pfeffer

Zubereitung

1. **Rühreinsatz einsetzen.** Alle Zutaten in den Mixtopf geben und **3:30 Min./80°C/Stufe 4** aufschlagen.

Ideal zu Spargel mit Kartoffeln oder Kassler, Schinken oder gegrilltem Lachs.

So geht's All-in-one:

600 g Wasser in den Mixtopf geben. Kartoffeln in mundgerechten Stücken in den Gareinsatz geben. Spargel schälen und in den Varoma legen. Kassler auf den Einlegeboden legen. **25-30 Min./Varoma/Stufe 1** garen. Danach Soße zubereiten.

Pro Portion: 3

Verfeinern Sie die Soße noch mit frischem Schnittlauch oder Bärlauch.

Pro Portion:
Kcal: 101 | Fett: 9 g | Eiweiß: 3 g | KH: 3 g

2 Port.

Paprika-Feta-Gemüse

Zutaten

1	Knoblauchzehe
1 Handvoll	Basilikumblätter
1 Handvoll	Petersilie
1 kl.	Zwiebel
500 g	Paprika, bunt gemischt
300 g	Wasser
75 g	Tomatenmark
1 TL	Gemüsebrühpulver
½ TL	Salz
½ TL	Pfeffer
1 TL	ital. Kräuter, getr.
180 g	Schafskäse/Feta 25 % Fett i. Tr. (9 % Fett absolut)

Zubereitung

1. Knoblauchzehe, Basilikum und Petersilie in den Mixtopf geben und **5 Sek./Stufe 8** zerkleinern.
2. Zwiebel und Paprika der Länge nach halbieren und in dünne Streifen schneiden. Restliche Zutaten (außer Feta) zugeben und **20 Min./100°C/ ⟲/Sanftrührstufe** kochen.
3. Feta mit den Händen zerbröseln und zugeben. Mit dem Spatel durchmischen und servieren.

Pro Portion: 5

Sehr lecker mit Salzkartoffeln oder gebratenem Putenfleisch.

Pro Portion:
Kcal: 225 | Fett: 9 g | Eiweiß: 21 g | KH: 11 g

2 Port.

Apfel-Rosenkohl

Zutaten

500 g	Rosenkohl
1	Apfel
30 g	rohe Schinken-würfelchen
600 g	Wasser
1 EL	Gemüsebrühpulver
½	Zwiebel
3 TL	Crème légère
½ TL	Gemüsebrühpulver
1 TL	Salz
¼ TL	Pfeffer

Zubereitung

1. Rosenkohl putzen und am Stiel ein Kreuz einschneiden. Apfel schälen, achteln, entkernen und in Stücke schneiden. Beides in den Varoma geben. Speckwürfelchen darüber verteilen. Wasser und Gemüsebrühpulver in den Mixtopf geben, Varoma aufsetzen und das Ganze **25 Min./Varoma/Stufe 1** garen.

2. Apfel-Rosenkohl in eine Schüssel geben, Mixtopf leeren, dabei Garflüssigkeit auffangen. Zwiebel **5 Sek./Stufe 5** zerkleinern. 30 g Garflüssigkeit zugeben und **2 Min./Varoma/Stufe 1** dünsten. Crème légère, Gemüsebrühpulver, Salz und Pfeffer zugeben und **3 Sek./Stufe 3** mischen. Über den Rosenkohl geben und vermengen.

Pro Portion: 1

Dazu passt sehr gut gebratenes Kassler.

Pro Portion:
Kcal: 184 | Fett: 4 g | Eiweiß: 14 g | KH: 18 g

2 Port.

Tomaten-Champignons

Zutaten

1	Knoblauchzehe
1	Zwiebel, halbiert
60 g	Tomatenmark
260 g	Wasser
30 g	Balsamicoessig, weiß
1 TL	Salz
½ TL	Pfeffer
600 g	Champignons, braun und weiß gemischt

1 Handvoll Petersilie

Zubereitung

1. Knoblauchzehe und Zwiebel in den Mixtopf geben und **5 Sek./Stufe 5** zerkleinern. Tomatenmark, Wasser, Balsamicoessig, Salz und Pfeffer zugeben und **5 Sek./Stufe 3** verrühren.
2. Pilze putzen und je nach Größe vierteln oder in Stücke schneiden. In den Mixtopf geben, **60 Min./90°C/Sanftstufe** ohne Messbecher garen. Dabei den Gareinsatz als Spritzschutz oben auf das Deckelloch stellen.
3. Vor dem Servieren mit grob gehackter Petersilie bestreuen.

Pro Portion: 0

Gut geeignet als Beilage zu gebratenem Fleisch.

Pro Portion:
Kcal: 105 | Fett: 1 g | Eiweiß: 14 g | KH: 6 g

4 Port.

Buntes Kokoshähnchen

Zutaten

4 Stück	Hähnchenschnitzel (à 120 g)
etwas	Salz & Pfeffer
2	rote Paprika
250 g	Champignons
1.200 g	Wasser
1 EL	Gemüsebrühpulver
180 g	Basmatireis
1 Handvoll	frischer Koriander

Zutaten Soße

1	Knoblauchzehe
1 Stück	Ingwer (haselnussgroß)
200 g	Kokosmilch, fettreduziert (Dose)
40 g	Sojasoße
½ TL	Curcuma
1 TL	Salz
½ TL	Curry
1 EL	Speisestärke
1 TL	Gemüsebrühpulver
1-2 Pr.	Pfeffer

Zubereitung

1. Hähnchenfleisch in Würfel schneiden und mit Salz und Pfeffer würzen. Auf den Varoma-Einlegeboden geben. Paprika in mundgerechte Stücke schneiden, Champignons vierteln. Beiden unten in den Varoma geben.
2. Wasser (TM31: 800 g) und Gemüsebrühpulver in den Mixtopf geben. Gareinsatz in den Mixtopf einsetzen, Reis einwiegen, Gareinsatz herausnehmen und unter laufendem Wasser wässern. Gareinsatz wieder einsetzen, Varoma aufsetzen und das Ganze **22 Min./Varoma/Stufe 1** garen.
3. Nach Garzeitende Fleisch, Gemüse und Reis warm halten.
4. Für die Soße Knoblauch und Ingwer (geschält) im Mixtopf **6 Sek./Stufe 8** zerkleinern. Restliche Zutaten für die Soße zugeben und **5 Min./90°C/Stufe 1** erhitzen. Soße mit Fleisch und Gemüse mischen und mit Reis und frisch gehacktem Koriander servieren.

Pro Portion:
Kcal: 416 | Fett: 9 g | Eiweiß: 37 g | KH: 43 g

Pro Portion: 9

3 Port.

Schnitzeltopf mit Reis

Zutaten

400 g	Putenschnitzel
3 EL	Sojasoße
1 TL	Paprikapulver, edelsüß
2	Knoblauchzehen
200 g	Zwiebeln
500 g	passierte Tomaten
500 g	Wasser
1 EL	Gemüsebrühpulver
30 g	Tomatenmark
½ TL	Salz
½ TL	Pfeffer
1 TL	Thymian
1 TL	Oregano
100 g	Schinken ohne Fettrand
100 g	Langkornreis, parboiled
2	Paprikaschoten
1 Glas	Mini-Champignonköpfe (Abtr.gew. 170 g)

Zubereitung

1. Fleisch in Streifen schneiden und mit Sojasoße und Paprikapulver marinieren. 1 Std. ziehen lassen.
2. Knoblauchzehen in den Mixtopf geben und **4 Sek./Stufe 8** hacken. Zwiebeln in Stücken zugeben und **2 Sek./Stufe 5** grob zerkleinern.
3. Passierte Tomaten, Wasser, Gemüsebrühpulver, Tomatenmark und Gewürze zugeben. Schinken in kleine Würfel schneiden und mit in den Mixtopf geben. Gareinsatz einsetzen, Reis einwiegen und mit dem Spatel kurz vermengen, damit der Reis befeuchtet ist.
4. Das marinierte Putenfleisch unten in den Varoma geben. Einlegeboden einsetzen. Paprika in kleine Würfel schneiden und zusammen mit den abgetropften Champignons darauf verteilen. Deckel verschließen, Varoma aufsetzen und das Ganze **25 Min./Varoma/Stufe 1** garen.
5. Nach Garzeitende alles in einer Schüssel vermengen und servieren.

Tipp

Dieses Gericht ist mit viel Soße. Wer nicht so viel möchte, nimmt ca. 300-400 g der Soße vor dem Vermengen beiseite und püriert diese mit etwas Frischkäse. So haben Sie gleich eine leckere Soße für den nächsten Tag.

Pro Portion: 5

Pro Portion:
Kcal: 422 | Fett: 4 g | Eiweiß: 49 g | KH: 41 g

3 Port.

Buntes Varoma-Gyros mit Tzaziki

Zutaten

2	Schweineschnitzel, mager, (à 150 g)
3 TL	Gyrosgewürz
2 TL	Paprikapulver, rosenscharf
1 TL	Öl
180 g	Schafskäse/Feta 25 % Fett i. Tr. (9 % Fett absolut)
½	Spitzkohl
1	rote Paprika
100 g	Langkornreis, parboiled
1 TL	Gemüsebrühpulver
1.200 g	Wasser (TM31: 800 g)
2	Romatomaten
1	Zwiebel

Zutaten Tzaziki

1	Knoblauchzehe
1/4	Salatgurke
etwas	Salz & weißer Pfeffer
1 EL	Schnittlauchröllchen
¼ TL	Paprikapulver, rosenscharf
300 g	Naturjoghurt, bis 1,8 % Fett

Zubereitung

1. Schweineschnitzel in dünne Streifen schneiden und mit Gyrosgewürz, Paprikapulver und Öl vermengen. (Kann auch über Nacht marinieren).
2. Nun das Tzaziki zubereiten. Knoblauchzehe **5 Sek./Stufe 6** zerkleinern. Von der Salatgurke die Kerne herausschneiden und Gurke in Stücken mit in den Mixtopf geben. Salz, weißen Pfeffer, Schnittlauchröllchen und Paprikapulver zugeben und **4-5 Sek./Stufe 4** zerkleinern. Joghurt zugeben und **10 Sek./↺/Stufe 3** mischen. Kalt stellen. Mixtopf spülen.
3. Feta in Würfel schneiden und zusammen mit dem Fleisch auf dem Einlegeboden verteilen. Fleisch nicht aufeinanderlegen, damit es gleichmäßig durchgart. Spitzkohl und Paprika in dünne Streifen schneiden und unten in den Varoma geben. Bitte darauf achten, dass ausreichend Schlitze in der Mitte frei bleiben. Einlegeboden aufsetzen.
4. Gareinsatz einsetzen. Reis einwiegen, Gemüsebrühpulver daraufgeben und mit Wasser übergießen. Varoma aufsetzen und das Ganze **28-30 Min./Varoma/Stufe 1** garen. In der Zwischenzeit Tomaten und Zwiebel in dünne Scheiben schneiden.
5. Nach Garzeitende Reis mit Spitzkohl und Paprika mischen und zusammen mit dem Gyros, Tomaten und Zwiebelringen servieren. Wer möchte, kann noch mal mit etwas Paprikapulver nachwürzen. Dazu servieren Sie Tzaziki.

Pro Portion:
Kcal: 451 | Fett: 12 g | Eiweiß: 43 g | KH: 40 g

Pro Portion: 10

2 Port.

Schweinefilet mit Frühlingsgemüse

Zutaten

250 g	Schweinefilet
etwas	Salz & Pfeffer
100 g	Mini-Möhren
150 g	Zuckerschoten
250 g	Brokkoli
1.200 g	Wasser (TM31: 800 g)
1 EL	Gemüsebrühpulver
etwas	frischer Schnittlauch

Zutaten Soße

100 g	Garflüssigkeit
30 g	Crème légère
60 g	gegarter Brokkoli
1 EL	Weißwein*
2 TL	Speisestärke
etwas	Salz & Pfeffer
½ TL	Gemüsebrühpulver

*alternativ 1 Spritzer Zitronensaft

Zubereitung

1. Schweinefilet in Scheiben schneiden, mit Salz und Pfeffer würzen und auf den Einlegeboden des Varomas legen. Beiseitestellen.
2. Möhren schälen und zusammen mit den Zuckerschoten in den Varoma legen. Brokkoli in Röschen teilen und daraufgeben. Wasser und Gemüsebrühpulver in den Mixtopf geben. Varoma aufsetzen und das Ganze **25 Min./Varoma/Stufe 1** garen. Dabei die letzten 18 Min. den Einlegeboden mit dem Fleisch einsetzen. In der Zwischenzeit Schnittlauch in Röllchen schneiden.
3. Nach Garzeitende Inhalt des Varomas warm halten. Mixtopf leeren, dabei 100 g Garflüssigkeit auffangen und wieder in den Mixtopf geben.
4. Alle restlichen Zutaten für die Soße zugeben und **4 Min./80°C/Stufe 3** erhitzen.
5. Alles zusammen mit frischem Schnittlauch bestreut servieren.

Tipp

Hierzu passen gut Kartoffeln oder Nudeln. Auch etwas Reis können Sie im Gareinsatz mitgaren.

Pro Portion:
Kcal: 287 | Fett: 6 g | Eiweiß: 37 g | KH: 18 g

Pro Portion: 3

2 Port.

Currygeschnetzeltes mit Tomaten

Zutaten

400 g	Putenbrustfilet
1 EL	Sojasoße
1 TL	Salz
½ TL	Pfeffer
100 g	Basmatireis
1.200 g	Wasser (TM31: 800 g)
4	Tomaten (400 g)

1	Zwiebel, halbiert
1	Knoblauchzehe
2 EL	Sweet Chili Sauce
1 TL	Currypulver
2 EL	Mandelstifte (altern. Mandelblättchen)
50 g	Wasser
1 TL	Gemüsebrühpulver
etwas	Koriander, grob gehackt

Zubereitung

1. Putenbrust in Streifen schneiden und mit Sojasoße, Salz und Pfeffer in einer Schüssel marinieren. Ca. 15 Min. ziehen lassen. Reis in den Gareinsatz einwiegen und unter laufendem Wasser waschen. Beiseitestellen.
2. Wasser in den Mixtopf füllen. Tomaten halbieren und mit der Schnittfläche nach oben in den Varoma legen. Fleisch auf dem Einlegeboden verteilen. Darauf achten, dass ausreichend Schlitze frei bleiben. Varoma aufsetzen und Fleisch und Tomaten **10 Min./Varoma/Stufe 1** vorgaren.
   Achtung! Gareinsatz mit Reis noch nicht einsetzen!
3. Mixtopf öffnen, Gareinsatz mit Reis einsetzen und alles zusammen weitere **18 Min./Varoma/Stufe 1** fertig garen.
4. Nach Garzeitende Mixtopf leeren und spülen. Reis warm halten.
   Von den Tomaten die Haut abziehen (ACHTUNG HEISS!) und in grobe Stücke schneiden. Zwiebel und Knoblauch im Mixtopf **5 Sek./Stufe 5** zerkleinern. Sweet Chili Sauce zugeben und **2 Min./120°C/Stufe 1** **(TM31: Varoma)** dünsten.
5. Tomaten, Fleisch und restliche Zutaten zugeben und alles **2 Min./100°C/↺/Stufe 1** erhitzen. Zusammen mit Reis servieren.

Pro Portion:
Kcal: 520 | Fett: 9 g | Eiweiß: 59 g | KH: 47 g

Pro Portion: 10

4 Port.

Linsen mit Würstchen „Indian Style“

Zutaten

2	Knoblauchzehen	150 ml	Kokosmilch, fettreduziert
1 Stück	Ingwer, haselnussgroß	1 Dose	stückige Tomaten (400 g)
2 TL	Currypulver	400 g	Wasser
1 TL	Senfsamen	1 TL	Gemüsebrühpulver
1 EL	Öl	½ TL	Salz
220 g	rote Linsen	½ TL	Pfeffer
1	orange Paprika	4 Stück	Putenwiener (à 50 g)
1	rote Paprika	3	Frühlingszwiebeln

Zubereitung

1. Knoblauch und Ingwer (geschält) in den Mixtopf geben, **6 Sek./Stufe 8** zerkleinern und mit dem Spatel nach unten schieben. Currypulver, Senfsamen und Öl zugeben und **3 Min./120°C/Stufe 1 (TM31: Varoma)** dünsten.
2. Rote Linsen und Paprika in kleine Stücke geschnitten zugeben und **3 Min./⟲/120°C/Stufe 1 (TM31: Varoma)** dünsten.
3. Kokosmilch, stückige Tomaten, Wasser, Gemüsebrühpulver und Gewürze zugeben und **15 Min./100°C/Stufe 1** garen. In der Zwischenzeit Wiener und Frühlingszwiebel in Ringe schneiden.
4. Nach Garzeitende Wiener zugeben und noch mal **3 Min./100°C/Stufe 1** erhitzen. Auf 4 Tellern verteilen und mit Frühlingszwiebelringen bestreut servieren.

Pro Portion:
Kcal: 423 | Fett: 18 g | Eiweiß: 23 g | KH: 40 g

Pro Portion: 10

2 Port.

Schaschliktopf

Zutaten

1	rote Zwiebel	1	Paprikamix (rot, gelb, grün, 500 g)
2	Schweineschnitzel (à 150 g)	90 g	Tomatenmark
etwas	Salz & Pfeffer	200 g	Wasser
1 EL	Currypulver	1 EL	Weißweinessig
1 EL	Öl	3 EL	Ketchup
30 g	Wasser		

Zubereitung

1. Zwiebel und Fleisch in Würfel schneiden und in den Mixtopf geben. Mit Salz und Pfeffer würzen. Currypulver, Öl und Wasser zugeben und **5 Min./120°C/↺/Stufe 0.5** **(TM31: Varoma/Stufe 1)** dünsten. In der Zwischenzeit Paprika ebenfalls in Würfel schneiden.
2. Nun alle restlichen Zutaten (außer Ketchup) zugeben und **23 Min./Varoma/↺/Sanftrührstufe** kochen.
3. Nach Garzeitende Ketchup mit dem Spatel unterrühren und servieren.

Tipp Servieren Sie 100 g Pommes aus dem Backofen dazu. Pro Portion hat das Gericht dann: 10

Pro Portion: 6

Pro Portion:
Kcal: 331 | Fett: 9 g | Eiweiß: 38 g | KH: 19 g

6 Port.

Schinken-Tatar-Röllchen mit Tagliatelle

Zutaten Röllchen

1	Zwiebel, halbiert
1	Knoblauchzehe
1 EL	Öl
800 g	Tatar
1	Ei (Gr. M)
1 TL	Paprikapulver, rosenscharf
1 TL	Oregano
½ TL	Salz
1 Msp.	Pfeffer
1	kl. Zucchini
300 g	Prosciutto Schinken, gekocht

Zutaten Soße

1	Zwiebel, halbiert
1	Knoblauchzehe
3 EL	Tomatenmark
2 Dosen	Kirschtomaten
250 g	Wasser
1 TL	Gemüsebrühpulver
2 TL	ital. Kräuter, getr.

Beilage

300 g	Tagliatelle

Zubereitung

1. Zwiebel und Knoblauchzehe in den Mixtopf geben, **5 Sek./Stufe 6** zerkleinern und mit dem Spatel nach unten schieben. Öl zugeben und **2 Min./120°C/Stufe 1** **(TM31: Varoma)** dünsten. Restliche Zutaten für die Röllchen (außer Zucchini und Schinken) zugeben und **1 Min./Teigstufe** vermengen. Umfüllen und in 12 Portionen teilen. Mixtopf spülen. Backofen auf 180°C Ober-/Unterhitze vorheizen.

2. Von der Zucchini der Länge nach mit einem Sparschäler Streifen abziehen. Je 1 Scheibe Schinken auf die Arbeitsfläche legen und mit einer Lage Zucchinistreifen belegen. 1 Portion Tatarmasse zu einer Rolle formen, auf den Schinken legen und aufrollen. Mit der Naht nach unten in eine große Auflaufform setzen.

3. Für die Soße Zwiebel und Knoblauchzehe im Mixtopf **5 Sek./Stufe 6** zerkleinern. Restliche Zutaten zugeben und **5 Min./100°C/Stufe 1** aufkochen. Soße über die Röllchen gießen und im vorgeheizten Backofen ca. 35 Min. garen. In der Zwischenzeit Nudeln nach Packungsanweisung garen. Alles zusammen servieren.

Tipp Anstelle der Nudeln können Sie auch 300 g Reis garen. Der Wert pro Portion bleibt gleich.

Pro Portion:
Kcal: 469 | Fett: 10 g | Eiweiß: 51 g | KH: 41 g

Pro Portion: 9

4

4 Port.

Schnitzelgratin Toskana

Zutaten

4	Putenschnitzel (à 120 g)
etwas	Salz & Pfeffer
1 kl.	Zucchini
2	Romatomaten
1 P.	Mozzarella, 125 g, 20% Fett i. Tr./light

Zutaten Soße

1 Handvoll Basilikumblätter

1	Knoblauchzehe
1 kl.	Zwiebel, halbiert
1 TL	Salz
½TL	Pfeffer
2 TL	ital. Kräuter, getr.
500 g	passierte Tomaten
1 TL	Öl
2 EL	Balsamicoessig, dunkel
1 Prise	Zucker

Zubereitung

1. Putenschnitzel in 3-4 Teile schneiden und mit Salz und Pfeffer würzen. Zucchini, Tomaten und Mozzarella in Scheiben schneiden. Im Wechsel in eine Auflaufform schichten (s. Bild).
2. Backofen auf 180°C Ober-/Unterhitze (Umluft: 160°C) vorheizen.
3. Für die Soße Basilikumblätter, Knoblauchzehe und Zwiebel im Mixtopf **5 Sek./Stufe 5** zerkleinern. Restliche Zutaten für die Soße zugeben und **5 Min./100°C/Stufe 1** erhitzen. Soße über die Schnitzel gießen und im vorgeheizten Backofen ca. 30 Min. backen.

Tipp

Lässt sich gut für den nächsten Tag vorbereiten. Einfach mit Folie abdecken und über Nacht in den Kühlschrank stellen. Am nächsten Tag im Ofen backen.

Pro Portion:
Kcal: 218 | Fett: 4 g | Eiweiß: 35 g | KH: 8 g

Pro Portion: 3

2 Port.

Zitronen-Knoblauch-Hähnchen aus dem Ofen

Zutaten

600 g	Hähnchenbrustfilet
2	Kartoffeln (200 g)
1	rote Paprika
5	Champignons
1	rote Zwiebel

Zutaten Marinade

3	Knoblauchzehen
3	Zweige Rosmarin
40 g	getrocknete Tomaten, ohne Öl
100 g	Wasser
1 EL	Olivenöl
3 EL	Zitronensaft
1 TL	Gemüsebrühpulver
1 TL	Salz
½ TL	Pfeffer

Zubereitung

1. Backofen auf 180°C Umluft vorheizen. Hähnchenbrust in 6 Stücke (pro Portion 3 Stück) teilen und auf ein mit Backpapier belegtes Backblech geben. Kartoffeln schälen und zusammen mit der Paprika in Würfel schneiden. Champignons vierteln oder achteln. Zwiebel in Spalten schneiden. Alles auf dem Backblech verteilen.

2. Für die Marinade Knoblauchzehen, Rosmarinnadeln und getrocknete Tomaten im Mixtopf **6 Sek./Stufe 10** zerkleinern. Restliche Zutaten zugeben und **5 Sek./Stufe 6** mixen. Marinade über Fleisch und Gemüse geben und mit den Händen gut vermengen. Im vorgeheizten Backofen ca. 35 Min. garen.

Pro Portion: 7

Pro Portion:
Kcal: 528 | Fett: 8 g | Eiweiß: 78 g | KH: 30 g

2 Port.

Gefüllte Champignons mit Tatar

Zutaten Tatarmasse

1 kl.	Zwiebel
1	Knoblauchzehe
250 g	Tatar
1 EL	Tomatenmark
1 TL	Kapern
2 TL	ital. Kräuter, getr.
1 TL	Paprikapulver, rosenscharf
1 TL	Salz
½ TL	Pfeffer

Außerdem

8 gr.	Champignons (ca. 300 g)
3	Tomaten
180 g	Schafskäse/Feta 25 % Fett i. Tr. (9 % Fett absolut)

etwas frisch gehackte Petersilie zum Bestreuen

Zubereitung

1. Zwiebel und Knoblauchzehe im Mixtopf **5 Sek./Stufe 6** zerkleinern. Restliche Zutaten für die Tatarmasse zugeben und **1 Min./Teigstufe** vermengen. Umfüllen und in 8 Portionen teilen.
   Backofen auf 180°C Ober-/Unterhitze vorheizen.

2. Von den Champignons den Stiel herausdrehen und mit einem Esslöffel leicht aushöhlen. Mit Tatarmasse füllen und in eine Auflaufform setzen. Tomaten und Feta in Stücke schneiden und zwischen den Pilzen verteilen. Im vorgeheizten Backofen ca. 25 Min. backen.

Tipp

Sie können die Pilze auch im Varoma zusammen mit 80 g Reis garen.
Geben Sie hierzu die Pilze zusammen mit Tomaten und Feta in den Varoma.
Beim TM5: 1.200 g Wasser einfüllen.
Beim TM31: 1.000 g Wasser einfüllen.

Das Ganze garen Sie **25 Min./Varoma/Stufe 1.**

Pro Portion: 11

Pro Portion:
Kcal: 366 | Fett: 13 g | Eiweiß: 53 g | KH: 7 g

Pro Portion: 7

2 Port.

Lachsspieße mit Kartoffeln und Zitronen-Käse-Soße

Zutaten

1 kl.	Zucchini
1 kl.	rote Paprika
1	rote Zwiebel
150 g	Lachs
200 g	Kartoffeln
1.000 g	Wasser
1 TL	Gemüsebrühpulver
etwas	Zitronensaft
etwas	Salz & Pfeffer

Zutaten Soße

2	Zweige Dill, entstielt
25 g	Sahneschmelzkäse leicht, 20 % Fett i. Tr.
1 EL	Zitronensaft
100 g	Milch, 1,5%
½ TL	Gemüsebrühpulver
etwas	Salz & Pfeffer

Zubereitung

1. Zucchini, Paprika, Zwiebel und Lachs in Würfel schneiden. Im Wechsel auf 4 Schaschlikstäbchen aufspießen. Mit Salz und Pfeffer würzen und mit etwas Zitronensaft beträufeln. In den Varoma legen.

2. Kartoffeln schälen und in kleine Würfel schneiden. In den Gareinsatz geben. Wasser und Gemüsebrühpulver in den Mixtopf geben, Gareinsatz mit Kartoffeln einsetzen. Deckel verschließen, Varoma aufsetzen und das Ganze **25 Min./Varoma/Stufe 1** garen.

3. Nach Garzeitende Mixtopf leeren und Lachsspieße und Kartoffeln warm halten.

4. Alle Zutaten für die Soße in den Mixtopf geben und **4 Min./90°C/Stufe 3** erhitzen. Im Anschluss **20 Sek./Stufe 10** pürieren und zusammen mit den Lachsspießen und Kartoffeln servieren.

Pro Portion:
Kcal: 325 | Fett: 11 g | Eiweiß: 25 g | KH: 27 g

Pro Portion: 8

3 Port.

Mediterrane Fischplatte

Zutaten

1 Glas	Artischocken in Lake (Abtr.gew. 180 g)
1 kl.	Zucchini
1	orange Paprika
250 g	Lachs
150 g	Garnelen, roh
etwas	Salz & Pfeffer
etwas	Zitronensaft
230 g	Kartoffeln
600 g	Wasser
1 TL	Gemüsebrühpulver
200 g	Cocktailtomaten

Mariande

1 Handvoll	Rucola
1-2	Knoblauchzehen
1 EL	Zitronensaft
1 EL	Balsamicoessig, weiß
1 EL	Olivenöl
½ TL	Gemüsebrühpulver
30 g	Wasser
etwas	Salz & Peffer

Zubereitung

1. Artischocken gut abtropfen lassen und klein schneiden. Zucchini der Länge nach halbieren und in Scheiben schneiden. Paprika in grobe Stücke schneiden. Alles in den Varoma geben. Lachs in Würfel schneiden und zusammen mit den Garnelen auf dem Einlegeboden verteilen. Mit Salz und Pfeffer würzen und mit Zitronensaft beträufeln.
2. Kartoffeln schälen und in kleine Würfel schneiden. In den Gareinsatz geben. Wasser und Gemüsebrühpulver in den Mixtopf geben, Gareinsatz mit Kartoffeln einsetzen. Deckel verschließen, Varoma aufsetzen und das Ganze **20 Min./Varoma/Stufe 1** garen. In der Zwischenzeit Cocktailtomaten halbieren.
3. Nach Garzeitende Cocktailtomaten unten in den Varoma geben und noch mal **5 Min./Varoma/Stufe 1** weitergaren.
4. Mixtopf leeren. Kartoffeln noch mal salzen und mit Lachs, Garnelen und Gemüse vermengen.
5. Rucola und Knoblauch **5 Sek./Stufe 5** zerkleinern. Restliche Zutaten für die Marinade zugeben und **10 Sek./Stufe 6** mixen. Über die Fischplatte träufeln und servieren.

Pro Portion:
Kcal: 364 | Fett: 14 g | Eiweiß: 32 g | KH: 20 g

Pro Portion: 7

2 Port.

Fisch mit Gnocchi in Paprikarahm

Zutaten

1.000 g	Wasser
1 TL	Gemüsebrühpulver
1	rote Paprika
1	gelbe Paprika
300 g	Gnocchi (Kühlregal)
2 Stücke	Kabeljau (à ca. 170 g)
etwas	Salz & Pfeffer
etwas	Zitronensaft
1 TL	ital. Kräuter

Zutaten Soße

150 g	Garflüssigkeit
130 g	gegarte Paprika aus dem Mixtopf
100 g	Frischkäse, Natur bis 1% Fett absolut
25 g	Tomatenmark
1 TL	Gemüsebrühpulver
etwas	frische Basilikumblätter
etwas	Salz & Pfeffer

Zubereitung

1. Wasser und Gemüsebrühpulver in den Mixtopf geben. Paprika in Streifen schneiden und in den Varoma geben. Fisch mit Salz, Pfeffer, Zitronensaft und ital. Kräutern würzen und auf die Paprikastreifen legen. Gnocchi auf dem Einlegeboden verteilen. Varoma aufsetzen und das Ganze **25 Min./Varoma/Stufe 1** garen.

2. Nach Garzeitende Gnocchi, Fisch und Paprika umfüllen und warm halten. Mixtopf leeren und Garflüssigkeit auffangen. Alle Zutaten für die Soße in den Mixtopf geben und **10 Sek./Stufe 8** pürieren. Danach **5 Min./80°C/Stufe 2** erhitzen. Alles zusammen servieren.

Tipp

Verfeinern Sie dieses Gericht mit Parmesan.
Für die Berechnung: 1 EL = 1

Pro Portion: 9

Pro Portion:
Kcal: 506 | Fett: 3 g | Eiweiß: 49 g | KH: 64 g

3 Port.

Lachs-Eier-Ragout mit Curryreis

Zutaten

100 g	Basmatireis
2	Lachsfilets (à 125 g)
etwas	Salz & Pfeffer
2	Eier (M)
1.200 g	Wasser (TM31: 800 g)

Zutaten Soße

1 Handvoll Dill, entstielt

1	Knoblauchzehe
1 TL	Currypulver
½ TL	Salz
¼ TL	Pfeffer
1 TL	Senf, mittelscharf
1 TL	Gemüsebrühpulver
250 g	Milch, 1,5%
2 TL	Speisestärke

Zubereitung

1. Zuerst Reis in den Gareinsatz einwiegen und unter laufendem Wasser waschen. Beiseitestellen.
2. Lachs mit Salz und Pfeffer würzen und auf den Varoma-Einlegeboden setzen. Eier unten in den Varoma legen. Wasser in den Mixtopf füllen, Varoma aufsetzen und das Ganze **7 Min./Varoma/Stufe 1** garen.
3. Deckel öffnen, Gareinsatz mit Reis einsetzen und weitere **18 Min./Varoma/Stufe 1** garen.
4. Nach Garzeitende Lachs und Reis in eine Auflaufform geben und im Ofen bei 100°C warm halten. Eier kurz abschrecken, schälen und in Stücke schneiden. Mit in die Auflaufform geben. Mixtopf leeren und spülen.
5. Für die Soße Dill und Knoblauch **5 Sek./Stufe 7** zerkleinern. Alle restlichen Zutaten für die Soße zugeben und **7 Min./80°C/Stufe 4** erhitzen. Alles zusammen servieren.

Pro Portion:
Kcal: 390 | Fett: 15 g | Eiweiß: 28 g | KH: 36 g

Pro Portion: 11

2 Port.

Kabeljau mit Meerrettichsoße

Zutaten

1.000 g	Wasser
1 TL	Gemüsebrühpulver
200 g	Kartoffeln
200 g	Brokkoliröschen
2 Stücke	Kabeljau (à ca. 170 g)
etwas	Salz & Pfeffer
etwas	Zitronensaft

Zutaten Soße

1 Handvoll Dill, entstielt

100 g	Crème légère
25 g	Weißwein, trocken
40 g	Milch, 1,5%
15 g	Sahnemeerrettich
1 Prise	Zucker
1 Prise	Salz
1 Msp.	Pfeffer

Zubereitung

1. Wasser und Gemüsebrühpulver in den Mixtopf geben. Kartoffeln schälen, in mundgerechte Stücke schneiden und in den Gareinsatz geben. In den Mixtopf einsetzen. Brokkoli in Röschen teilen und unten in den Varoma geben. Fischfilets von beiden Seiten mit Salz und Peffer würzen, mit Zitronensaft beträufeln und auf den Varoma-Einlegeboden legen. Varoma aufsetzen und das Ganze **25 Min./Varoma/Stufe 1** garen.

2. Nach Garzeitende Kartoffeln, Brokkoli und Fisch umfüllen und warm halten. Mixtopf leeren und Garflüssigkeit weggießen. Mixtopf trocknen. Dill **8 Sek./Stufe 8** zerkleinern. Restliche Zutaten für die Soße zugeben und **5 Min./80°C/Stufe 2** erhitzen.
   Auf 2 Tellern anrichten und servieren!

Pro Portion:
Kcal: 383 | Fett: 10 g | Eiweiß: 43 g | KH: 24 g

Pro Portion: 9

2 Port.

Kabeljau mit falschem Reis & Soße

Zutaten

2	Kabeljaufilets (à 150 g)
etwas	Salz & Pfeffer
etwas	Zitronensaft
70 g	Erbsen, TK
400 g	Blumenkohl
1	Karotte (75 g)
600 g	Wasser
1 TL	Gemüsebrühpulver

Zutaten Soße

100 g	Milch, 1,5%
2 TL	Speisestärke
60 g	Crème légère
2 TL	Zitronensaft
½ TL	Gemüsebrühpulver
etwas	Salz & Pfeffer

Zubereitung

1. Kabeljaufilets mit Salz und Pfeffer würzen, mit Zitronensaft beträufeln und auf den Varoma-Einlegeboden legen. Erbsen daneben legen.

2. Blumenkohl und Karotte in Stücken in den Mixtopf geben und ca. **8-10 Sek./Stufe 4,5** zerkleinern. In den Varoma geben, dabei in der Mitte ein Loch für den Dampf frei lassen. Wasser in den Mixtopf füllen. Deckel verschließen, Varoma mit Einlegeboden aufsetzen und das Ganze **25 Min./Varoma/Stufe 1** garen.

3. Nach Garzeitende Mixtopf leeren. Die Erbsen mit dem falschen Reis in eine Schüssel umfüllen und mit 1 TL Gemüsebrühpulver vermengen. Wer möchte, kann noch mit etwas Zitronensaft oder Salz und Pfeffer abschmecken. Zusammen mit dem Fisch warm halten.

4. Alle Zutaten für die Soße in den Mixtopf geben und **4 Min./90°C/Stufe 3** erhitzen. Alles zusammen servieren.

Pro Portion: 6

Pro Portion:
Kcal: 333 | Fett: 8 g | Eiweiß: 42 g | KH: 19 g

4 Port.

Asiatischer Gemüse-Mix

Zutaten

1.200 g	Wasser, lauwarm (TM31: 800 g)
100 g	Langkornreis, parboiled
1 kl.	Zucchini
1	gelbe Paprika
1	grüne Paprika
4	Frühlingszwiebeln
100 g	Hokkaidokürbis
1 Glas	Bambussprossen (Abtr.gew. 175 g)

Zutaten Soße

1 Stück	Ingwer, walnussgroß
1	Knoblauchzehe
100 g	Wasser
1 TL	Gemüsebrühpulver
1 EL	Balsamicoessig, weiß
4 EL	Sojasoße
2 EL	Sweet Chili Sauce
40 g	Cashewkerne, geröstet und gesalzen

Zubereitung

1. Wasser in den Mixtopf geben. Gareinsatz einsetzen und Reis einwiegen. Wieder herausnehmen und Reis unter laufendem Wasser waschen. Wieder einsetzen. Gemüse in dünne Streifen schneiden und zusammen mit den abgetropften Bambussprossen in den Varoma geben.
   Das Ganze **22-24 Min./Varoma/Stufe 1** garen.
2. Nach Garzeitende Gemüse und Reis warm halten. Garflüssigkeit weggießen und Mixtopf kurz mit Wasser ausspülen und trocknen.
3. Für die Soße geschälten Ingwer und Knoblauchzehe im Mixtopf **5 Sek./Stufe 8** hacken. Restliche Zutaten für die Soße (außer Cashewkerne) zugeben und **4 Min./100°C/Stufe 1** aufkochen.
4. Soße mit dem Reis und Gemüse vermischen und vor dem Servieren mit grob gehackten Cashewkernen bestreuen.

Pro Portion:
Kcal: 204 | Fett: 6 g | Eiweiß: 8 g | KH: 26 g

Pro Portion: 6

4 Port.

Gemüse-Couscous mit Joghurtsoße

Zutaten

1	Aubergine (300 g)
1 kl.	Zucchini (200 g)
230 g	Tomaten, entkernt
1	Knoblauchzehe
1 EL	Olivenöl
150 g	Couscous, Instant
400 g	Wasser
1 EL	Gemüsebrühpulver
1 Dose	weiße Bohnen (Abtr.gew. 250 g)

Zutaten Soße

1	Knoblauchzehe
1 Handvoll glatte Petersilie	
200 g	Naturjoghurt, fettarm 1,5%
¼ TL	Chiliflocken
etwas	Salz & Pfeffer

Zubereitung

1. Zuerst die Soße zubereiten. Knoblauchzehe und Petersilie im Mixtopf **3 Sek./Stufe 8** zerkleinern. Restliche Zutaten für die Soße zugeben und **15 Sek./Stufe 3** verrühren. Umfüllen und in den Kühlschrank stellen.
2. Aubergine in kleine Würfel schneiden, salzen und in eine Schüssel geben. Ca. 15 Min. ziehen lassen. In der Zwischenzeit Zucchini und Tomaten (ohne Kerne) ebenfalls klein würfeln.
3. Knoblauchzehe in den Mixtopf geben und **3 Sek./Stufe 8** zerkleinern. Auberginen-, Zucchiniwürfel und Olivenöl zugeben und **5 Min./120°C/↺/Stufe 1** **(TM31: Varoma)** dünsten.
4. Couscous, Wasser, Gemüsebrühpulver und Tomatenwürfel zugeben und **7 Min./90°C/↺/Stufe 1** quellen lassen.
5. Bohnen in ein Sieb geben, waschen und zum Couscous geben. Mit dem Spatel unterrühren und erneut **2 Min./90°C/↺/Stufe 1** erhitzen.
6. Couscous zusammen mit der Joghurtsoße servieren. Nach Belieben mit Chiliflocken und grob gehackter Petersilie bestreuen.

Pro Portion:
Kcal: 234 | Fett: 4 g | Eiweiß: 10 g | KH: 35 g

Pro Portion: 8

4 Port.

Gemüsecurry mit Linsen

Zutaten

1	Zwiebel, halbiert
1	Knoblauchzehe
20 g	Wasser
1 EL	rote Currypaste
1 Dose	geschälte Tomaten (400 ml Inhalt)
200 g	Blumenkohl
2	Karotten
2 Stangen	Staudensellerie
100 g	rote Linsen
160 g	Kokosmilch, fettreduziert
400 g	Wasser
1 EL	Gemüsebrühpulver
etwas	Salz & Pfeffer
120 g	Erbsen, TK
etwas	frischer Koriander, grob gehackt

Zubereitung

1. Zwiebel und Knoblauchzehe in den Mixtopf geben und **5 Sek./Stufe 5** zerkleinern. Wasser und rote Currypaste zugeben und **1 Min./Varoma/Stufe 1** dünsten. Geschälte Tomaten inkl. Soße zugeben und **3 Sek./Stufe 4** zerkleinern.
2. Blumenkohl in kleine Röschen teilen. Karotten der Länge nach halbieren und schräg in Scheiben schneiden. Vom Sellerie die harten Außenfäden abziehen und in Scheiben schneiden. Alles in den Mixtopf geben.
3. Linsen, Kokosmilch, Wasser, Gemüsebrühpulver und etwas Salz & Pfeffer zugeben und das Ganze **20 Min./100°C/↺/Stufe 1,5** garen. Erbsen zugeben und noch mal **4 Min./100°C/↺/Stufe 1,5** kochen.
4. Curry mit Koriander bestreut servieren.

Tipp

Dazu passt sehr gut Basmatireis.

Pro Portion:
Kcal: 232 | Fett: 7 g | Eiweiß: 12 g | KH: 27 g

Pro Portion: 5

4 Port.

Gemüse-Mix mit Tomatenreis

Zutaten

500 g	Paprikamix (gelb, grün, rot)	1	Knoblauchzehe
2	Zucchini (ca. 400 g)	500 g	passierte Tomaten
2	Zwiebeln	700 g	Wasser
4 kl.	Tomaten	1 EL	Gemüsebrühpulver
1	Karotte in Querstreifen	1 TL	Salz
1 TL	Kräuter der Provence	200 g	Langkornreis, parboiled
½ TL	Pfeffer	20 g	Frischkäse, Natur bis 5 % Fett absolut
180 g	Schafskäse/Feta 25 % Fett i. Tr. (9 % Fett absolut)		

Zubereitung

1. Paprika putzen und in Streifen schneiden. Zucchini, 1 Zwiebel, Tomaten und Karotte jeweils der Länge nach halbieren und in Scheiben schneiden. Gemüse im Varoma verteilen und mit Kräutern der Provence sowie etwas Pfeffer würzen. Schafskäse grob gewürfelt auf dem Gemüse verteilen.
2. Restliche Zwiebel und Knoblauchzehe in den Mixtopf geben und **5 Sek./Stufe 5** zerkleinern.
3. Passierte Tomaten, Wasser, Gemüsebrühpulver und Salz zufügen und **10 Sek./Stufe 10** mixen. Gareinsatz einsetzen und Reis einwiegen. Wieder herausnehmen und Reis unter laufendem Wasser waschen. Wieder einsetzen, Mixtopf verschließen, Varoma aufsetzen und **30 Min./Varoma/Stufe 1** garen.
4. Gemüse und Reis warm stellen. Frischkäse zur Garflüssigkeit geben und **20 Sek./Stufe 6** vermischen. Nochmals abschmecken und zum Gemüse und Reis servieren.

Pro Portion: 8

Pro Portion:
Kcal: 349 | Fett: 5 g | Eiweiß: 18 g | KH: 52 g

4 Port.

Rohkost-Thai-Curry

Zutaten

1	Zucchini (200 g)
2	Karotten (150 g)
2	rote Spitzpaprika
100 g	Glasnudeln
etwas	Koriander, frisch gehackt

Zutaten Soße

1	Knoblauchzehe
1 Stück	Ingwer, haselnussgroß
100 g	Erdnussmus
60 g	Sojasoße
100 g	Wasser
½ TL	Chiliflocken
2 TL	rote Thai-Curry-Paste
2 EL	Agavendicksaft
2 EL	Apfelessig (20 g)

Zubereitung

1. Für die Soße Knoblauch und Ingwer (geschält) in den Mixtopf geben und **5 Sek./Stufe 6** zerkleinern. Restliche Zutaten für die Soße zugeben und **20 Sek./Stufe 7** mixen.
2. Karotten und Zucchini mit einem Spiralschneider schneiden und in eine Schüssel geben. Paprika klein würfeln und zu den Gemüsenudeln geben. Wer keinen Spiralschneider besitzt, kann das Gemüse auch in Streifen schneiden oder hobeln.
3. Glasnudeln nach Packungsanweisung kurz in heißem Wasser ziehen lassen und gut absieben. Nach Belieben mit einer Schere etwas klein schneiden.
4. Glasnudeln und Soße mit in die Schüssel geben und gut vermengen. Auf 4 Tellern anrichten, mit Koriander bestreuen und sofort servieren.

Info

Rohkosternährung:

Bei der Rohkosternährung werden Lebensmittel nicht über 40 Grad erhitzt. Experten behaupten, dass bei längerem Erhitzen manche Stoffe in der Nahrung zerstört werden, etwa Mikronährstoffe wie Vitamine, sekundäre Pflanzenstoffe oder ungesättigte Fettsäuren. Die Rohkosternährung soll damit zu einer robusteren Gesundheit verhelfen.

Pro Portion: 9

Pro Portion:
Kcal: 281 | Fett: 14 g | Eiweiß: 10 g | KH: 26 g

4 Port.

Pizza „Rustiko"

Zutaten Teig

115 g	Wasser
¼ Würfel	Hefe
200 g	Weizenmehl, Type 550
½ TL	Salz

Zutaten Belag

100 g	Crème légère
1 TL	Gemüsebrühpulver
etwas	Salz & Pfeffer
100 g	Champignons
1 rote	Zwiebel
70 g	Mais (Konserve)
50 g	Gouda, 45-48 % Fett i. Tr. (bis 30 % Fett absolut)
etwas	frische Petersilie oder Schnittlauch

Zubereitung

1. Wasser und Hefe in den Mixtopf geben und **2 Min./37°C/Stufe 2** erwärmen. Mehl und Salz zugeben und **2 Min./Teigstufe** kneten. Teig aus dem Topf nehmen und ca. 15 Min. ruhen lassen. Mixtopf ggf. spülen. Backofen auf 250°C Umluft vorheizen.

2. Teig ausrollen und auf ein mit Backpapier belegtes Backblech geben. Crème légère mit Gemüsebrühpulver vermischen und auf den Teig streichen. Mit Salz und Pfeffer würzen. Champignons und Zwiebel in dünne Scheiben schneiden und zusammen mit dem abgetropften Mais auf der Pizza verteilen.

3. Gouda in Stücken in den Mixtopf geben und **15 Sek./Stufe 5** reiben. Pizza mit Käse bestreuen und im vorgeheizten Backofen ca. 12 Min. knusprig backen. Vor dem Servieren mit grob gehackter Petersilie bestreuen.

Tipp

Teilt man das Blech in 6 Stücke statt 4, ergibt sich ein Wert pro Portion von 6

Pro Portion:
Kcal: 299 | Fett: 8 g | Eiweiß: 13 g | KH: 42 g

Pro Portion: 9

4 Port.

Mini-Calzone mit Gemüsefüllung

Zutaten Teig

150 g	Wasser
½ Würfel	Hefe
250 g	Weizenmehl, Type 405
1 TL	Salz

Zum Bestreichen:

1	Eigelb
2 EL	Milch, 1,5%

Füllung

1	Zwiebel
1	Zucchini (200 g)
½	gelbe Paprika (100 g)
3	Peperoni, eingelegt in Lake (25 g)
35 g	Tomatenmark
100 g	Frischkäse, Natur bis 1% Fett
2 TL	ital. Kräuter, getr.
1 TL	Gemüsebrühpulver
1 TL	Salz
½ TL	Pfeffer

Zubereitung

1. Zuerst die Füllung zubereiten:
   Zwiebel, Zucchini, Paprika und Peperoni in Stücken in den Mixtopf geben, **5 Sek./Stufe 6** zerkleinern und mit dem Spatel nach unten schieben. Restliche Zutaten für die Füllung zugeben und **20 Sek./Stufe 2** verrühren. Umfüllen und Mixtopf mit Wasser ausspülen.
2. Für den Teig Wasser und Hefe in den Mixtopf geben und **2 Min./37°C/Stufe 1** erwärmen. Mehl und Salz zugeben und **2 Min./Teigstufe** kneten.
   Den Teig in 4 Portionen teilen (je ca. 100 g Teig) und ca. 10 Min. ruhen lassen. Backofen auf 200°C Ober-/Unterhitze vorheizen.
3. Nun den Teig auf etwas Mehl zu einem Kreis ausrollen. Ca. 2 gut gehäufte EL der Füllung in die Mitte geben und zusammenklappen. Am Rand gut fest drücken. Die Calzonetaschen auf ein mit Backpapier belegtes Backblech geben.
4. Eigelb mit Milch verrühren und die Calzonetaschen damit bestreichen. Mit getrockneten ital. Kräutern bestreuen und im vorgeheizten Backofen ca. 20 Min. backen.

Tipp

Dazu passen gut Tomatenstücke mit etwas weißem Balsamicoessig und gehackter Petersilie mariniert.

Pro Portion:
Kcal: 304 | Fett: 3 g | Eiweiß: 14 g | KH: 53 g

Pro Portion: 7

4 Port.

Kartoffelgyros mit Joghurtdip

Zutaten

800 g	Kartoffeln
1	grüne Paprika
1 gr.	Gemüsezwiebel
200 g	Cocktailtomaten
180 g	Feta, 25 % Fett i. Tr. (9 % Fett absolut)
6	eingelegte Peperoni, mild

Dip

1 kl.	Knoblauchzehe
150 g	Naturjoghurt, bis 1,8 % Fett
etwas	Salz & Cayennepfeffer
¼ TL	Chiliflocken

Marinade

2	Knoblauchzehen
1 Handvoll	Petersilie
1 EL	Öl
2 TL	Gyrosgewürz
50 g	Kochsahne
50 g	Milch, 1,5%
1 TL	Salz
¼ TL	Cayennepfeffer

Zubereitung

1. Backofen auf 200°C/Umluft vorheizen. Kartoffeln schälen und in mundgerechte Stücke schneiden. Paprika und Zwiebel in Streifen schneiden. Alles auf ein mit Backpapier belegtes Backblech geben.
2. Für die Marinade Knoblauch und Petersilie im Mixtopf **5 Sek./Stufe 7** hacken. Alle restlichen Zutaten für die Marinade zugeben **5 Sek./Stufe 5** mixen. Über die Kartoffeln auf das Blech geben und mit den Händen gut vermengen. Im vorgeheizten Backofen 20 Min. garen.
3. In der Zwischenzeit Cocktailtomaten halbieren, Feta mit den Händen zerbröseln und Peperoni in Stücke schneiden. Alles in einer Schüssel vermengen. Mixtopf spülen.
4. Dip zubereiten: Knoblauchzehe in den Mixtopf geben, **5 Sek./Stufe 7** zerkleinern und mit dem Spatel nach unten schieben. Restliche Zutaten für den Dip zugeben und **20 Sek./Stufe 3** verrühren.
5. Nach Garzeitende im Ofen das Tomaten-Feta-Peperoni-Gemisch zugeben, vermengen und für weitere 8-10 Min. in den Ofen schieben. Kartoffelgyros mit Dip servieren.

Pro Portion:
Kcal: 303 | Fett: 8 g | Eiweiß: 16 g | KH: 38 g

Pro Portion: 9

4 Port.

Gemüsegratin mit Fetakruste

Zutaten

1	Zucchini (200 g)
3	Tomaten (300 g)
1	gelbe Paprika
230 g	Kartoffeln
180 g	Schafskäse/Feta 25 % Fett i. Tr. (9 % Fett absolut)

Zutaten Soße

1	kl. Zwiebel, halbiert (40-50 g)
1	Knoblauchzehe
20 g	Butter
20 g	Mehl
250 g	Milch, 1,5%
1 EL	Tomatenmark
½ TL	Thymian
½ TL	Majoran
1 TL	Oregano

Zubereitung

1. Zucchini, Tomaten und Paprika in dünne Scheiben schneiden. Kartoffeln schälen und mit einem Gemüsehobel in dünne Scheiben hobeln. Kartoffelscheiben in einem Topf mit kochendem Wasser ca. 3 Min. vorgaren. Absieben und zusammen mit dem anderen Gemüse ziegelartig in eine Auflaufform schichten. Schafskäse mit den Händen über den Auflauf bröseln. Backofen auf 180°C (Ober-/Unterhitze) vorheizen.

2. Für die Soße Zwiebel und Knoblauchzehe in den Mixtopf geben, **5 Sek./Stufe 5** zerkleinern und mit dem Spatel nach unten schieben. Butter zugeben und **2 Min./100°C/Stufe 1** anschwitzen. Mehl zugeben und weitere **2 Min./100°C/Stufe 1** anschwitzen. Restliche Zutaten für die Soße zugeben und **4 Min./80°C/Stufe 4** erhitzen.

3. Soße über den Auflauf gießen und im vorgeheizten Backofen ca. 45 Min. backen.

Pro Portion:
Kcal: 245 | Fett: 10 g | Eiweiß: 15 g | KH: 22 g

Pro Portion: 7

4 Port.

Italienische Paprika mit Couscousfüllung

Zutaten

140 g	Käse, 17% Fett (z.B. Leerdammer Léger)
50 g	getrocknete Tomaten, ohne Öl
2	Knoblauchzehen
50 g	rote Zwiebel
1 Handvoll Rucola	
½ TL	Salz
¼ TL	Pfeffer
1 EL	Gemüsebrühpulver
1 TL	ital. Kräuter, getr.
230 g	Couscous
600 g	Wasser
4 rote	Paprika

Zutaten Soße

1 Glas Paprika, eingelegt	(Abtr.gew. 300 g)
1 Dose stückige Tomaten (400 g)	
1 TL	Salz
1 TL	Gemüsebrühpulver
½ TL	Pfeffer
½ TL	ital. Kräuter, getr.
100 g	Frischkäse, Natur, 5% Fett

Zubereitung

1. Backofen auf 180°C Ober-/Unterhitze vorheizen. Käse in Stücken in den Mixtopf geben und **10 Sek./Stufe 5** reiben. Umfüllen.
2. Getrocknete Tomaten in den Mixtopf geben und **5 Sek./Stufe 10** zerkleinern. Knoblauchzehen, Zwiebel und Rucola zugeben und **5 Sek./Stufe 6** hacken.
3. Gewürze, Couscous und Wasser zugeben und **7 Min./90°C/ ↺/Stufe 1** quellen lassen. In der Zwischenzeit Paprika der Länge nach halbieren und entkernen.
4. Nach Garzeitende den Couscous in die Paprikahälften füllen. Nun die Soße zubereiten. Mixtopf muss nicht gespült werden.
5. Alle Zutaten für die Soße im Mixtopf **10 Sek./Stufe 9** pürieren. Soße in eine große Auflaufform gießen und die Paprikahälften darauf geben. Mit geriebenem Käse bestreuen und im vorgeheizten Backofen ca. 30 Min. backen.